Monika und Nicole Helbig

Wahre Schmuckstücke

Frisch in Blau-Weiß

(Abbildung auf Seite 1)

Kette mit drei Strängen

Ziehen Sie auf einen Faden auf eine Länge von 1,7 m weiße Rocailles auf, auf einen anderen blau-weiße Rocailles auf eine Länge von 1,9 m und auf einen dritten abwechselnd weiße und blau-weiße Rocailles auf eine Länge von 2,1 m. Achtung, schneiden Sie die Fäden jeweils nicht ab! Dann fertigen Sie aus jedem Perlenfaden einen Schlauch an. In jede Runde kommen dabei fünf Rocailles. Sie erhalten so drei unterschiedlich lange Perlenstränge. Vernähen Sie die Fäden, verdrehen Sie dann die drei Stränge miteinander und nähen Sie sie an den Enden zusammen. Nähen Sie an jedes Kettenende einen Faden, auf den Sie jeweils 30 weiße Rocailles, ein Verschlussteil und weitere 30 weiße Rocailles aufziehen. Nähen Sie zum Schluss die Fäden so an den Kettenenden an, dass quasi zwei Schlaufen entstehen.

Länge

ca. 43 cm

Material

- 1 Dose Rocailles in Weiß, ø 2,6 mm
- 2 Dosen Rocailles in Blau-Weiß gestreift, ø 2,6 mm
- 1 Verschluss in Silber, ø 1,5 cm
- Knopflochseide in Weiß
- Häkelnadel, Stärke 1,5

Fotos: frechverlag GmbH + Co. Druck KG, 70499 Stuttgart;
Fotostudio Ullrich & Co., Renningen

Dieses Buch enthält: 1 Vorlagenbogen

Auflage: 5. 4. 3. 2. 1. | Letzte Zahlen
Jahr: 2006 2005 2004 2003 2002 | maßgebend

frechverlag GmbH + Co. Druck KG, 70499 Stuttgart

ISBN 3-7724-2919-X · Best.-Nr. 2919

Druck: frechverlag GmbH + Co. Druck KG, 70499 Stuttgart

Liebe Leserinnen,

Modeschmuck erfreut sich in der letzten Zeit einer immer größer werdenden Beliebtheit – und auch uns hat diese Begeisterung gepackt und uns dazu inspiriert, unsere ganz eigene Schmuckkollektion zu entwerfen! Besonders gut gefallen uns die gehäkelten und gelegten Armbänder und Ketten, die wir Ihnen gerne in diesem Buch vorstellen möchten.

Ganz besonderen Wert haben wir bei den Schmuckstücken auf Farbkombinationen und Design gelegt. Deshalb finden sicher auch Sie in diesem Buch Ihr Lieblingsstück – egal, ob Sie lieber dezente Erd- oder frische Pinktöne tragen. Wenn Sie wollen, können Sie die Farben der Perlen natürlich auch abändern und die Schmuckstücke so ganz individuell Ihrer Garderobe anpassen.

Sie werden sehen: Die einfach und schnell anzufertigenden Schlauchketten sind immer ein echter Hingucker. Und die zarten, filigranen Draht-Häkelketten passen fantastisch zu einer eleganten Bluse.

Wir wünschen Ihnen bei der Ausarbeitung Ihrer Modelle viel Spaß und gutes Gelingen!

Ihre Monika Helbig

und Nicole Helbig

Material

Perlen und Stiftperlen

Perlen benötigen Sie in verschiedenen Farben, Formen und Arten. Es gibt Metallperlen, Wachsperlen, Holzperlen, Glasperlen und Plastikperlen. Rocailles haben wir mit einem Durchmesser von 2,5 mm bzw. 2,6 mm und 4 mm, 4,5 mm oder 5 mm verwendet. Manche Hersteller bezeichnen die größeren Rocailles übrigens auch als Indianerperlen. Je nach Hersteller variieren die Größen leicht. Wir nennen in unserem Buch immer nur eine Größe, Sie können aber ähnliche Größen genauso gut verwenden. Bei den Rocailles und Glasstiften bezieht sich die Bezeichnung „Dose" bzw. „Beutel" immer auf eine Menge zwischen 15 Gramm und 17 Gramm.

Perlennadeln

Perlennadeln gibt es in verschiedenen Stärken und Längen. Verwenden Sie möglichst immer die dünnste Stärke, um mit der Nadel problemlos durch alle Perlen zu kommen. Die Stärke 0,4 mm ist für die Schmuckstücke hier im Buch optimal. Mithilfe der Perlennadeln fädeln Sie auch die Perlen für die gelegten Armbänder und Ketten auf, wenn diese mit Garn und nicht mit Draht gearbeitet werden. Desweiteren nähen Sie damit die Verschlüsse an.

Häkelnadeln

Diese benötigen Sie für die Herstellung der gehäkelten Schlauch- und Drahtketten. Für die dünnen Schlauchketten verwenden Sie am besten eine Häkelnadel der Stärke 1,5. Für die dickeren Schlauchketten und die gehäkelten Drahtketten verwenden Sie eine Häkelnadel der Stärke 2,5.

Garn

Für die dünnen Schlauchketten verwenden Sie i.d.R. Knopflochseide. Sie ist auf Rollen erhältlich und besteht aus 100 % Polyester. Für die dicken Schlauchketten nehmen Sie i.d.R. Perlgarn aus 100 % Baumwolle. Sie brauchen ungefähr einen Strang Garn pro Kette.

Schmuckdraht

Als Schmuckdraht bezeichnen wir kunststoffummantelten (= nylon coated) Metalldraht. Er ist sehr flexibel und reißfest. Wir verwenden ihn in den Stärken 0,3 mm und 0,4 mm.

Klebstoff

Am besten eignet sich Sekundenkleber. Diesen sollten Sie allerdings zuerst testen, bevor Sie ein fertiges Schmuckstück damit fixieren, weil einige Klebstoffe Perlen, Verschlüsse u. Ä. blind machen können.

Quetschkalotten

Drähte und Fäden befestigen Sie häufig mit Quetschkalotten an den Verschlüssen. Legen Sie dafür den Faden, den Sie mit einem Knoten versehen haben, in die Quetschkalotte ein, geben Sie einen Tropfen Sekundenkleber darauf und drücken Sie die Quetschkalotte mit einer Zange zusammen. Dann befestigen Sie an der Öse der Quetschkalotte den Verschluss.

Schmuckaccessoires

Zur Herstellung des Modeschmucks brauchen Sie Schmuckverschlüsse in verschiedenen Formen und Größen. Uns gefallen Kapitelverschlüsse besonders gut, weil sie immer edel und ausgefallen wirken. Desweiteren sind sie sehr einfach zu schließen und öffnen.

Zange

Eine Kettel- oder Spitzzange hilft Ihnen bei der Ausarbeitung Ihrer Schmuckstücke. Sie brauchen sie z.B. zum Zusammendrücken der Quetschkalotten.

Quetschperlen

Quetschperlen gibt es in Schwarz, Gold und Silber. Sie werden auf Drähte, Fäden usw. aufgezogen und mit einer Zange zusammengedrückt, um die anderen Perlen an ihren Stellen zu halten und ein Verrutschen zu vermeiden.

Draht

Für die gehäkelten Drahtketten verwenden wir Kupfer-, Silber- oder Golddraht der Stärke 0,45 mm. Er ist auf Rollen erhältlich. Diesen Draht gibt es auch in anderen Farben, wie z.B. in Rot, Grün und Blau, zu kaufen.

Gehäkelte Schlauchketten

1. Fädeln Sie auf das Garn so viele Perlen auf, dass eine Perlenschnurr mit der Länge entsteht, die in der Anleitung angegeben ist. Schneiden Sie den Faden danach keinesfalls ab! Dann häkeln Sie fünf Luftmaschen und nehmen dabei in jede der Luftmaschen eine Perle mit auf. Die Perlen werden also in die Luftmaschen mit hineingehäkelt.

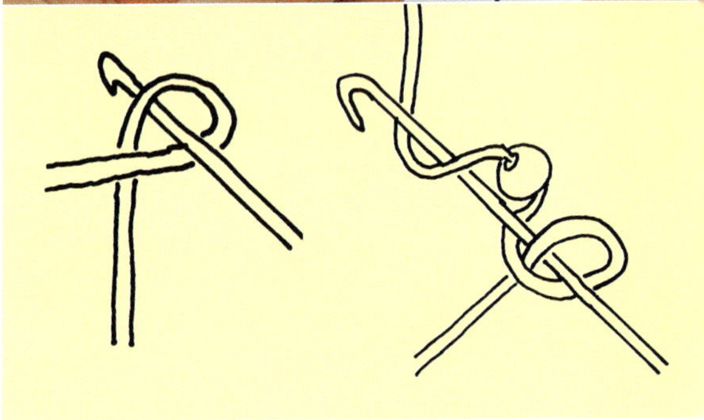

2. Dann schließen Sie die fünf Luftmaschen mit den Perlen zu einem Kreis, indem Sie nochmals durch die Masche gehen, in der die erste Perle sitzt. Es gibt keine anderen Maschen als die, in denen die Perlen sitzen!

3. Bei den nun folgenden Runden wird immer eine neue Perle zwischen zwei Perlen aus der vorhergehenden Runde geschoben. In jede Runde kommen fünf Perlen. Legen Sie den Faden dabei immer vor die Perle, durch die Sie gerade zuvor mit der Nadel durchgestochen haben, nicht wie beim normalen Häkeln nach hinten. Der Faden darf nie hinter die Perle rutschen, denn dann funktioniert die Technik nicht mehr und die Kette gelingt nicht.

4. Sobald Sie bei der Kette die gewünschte Länge erreicht haben, ziehen Sie den Faden durch die letzte Masche und vernähen ihn anschließend mit einer Nadel in der Kette. Nehmen Sie für jede Seite des Perlenstrangs ein neues Stück Faden (Knopflochseide), nähen Sie den Faden jeweils am Ende fest und fädeln Sie dann für den Verschluss einige Perlen und die Verschlussteile auf. Gehen Sie dabei mit dem Faden so oft es geht durch den Verschluss, damit dieser auch richtig fest sitzt.

Tipps und Tricks

- Sie können die Anzahl der Perlen und Luftmaschen in Ihrer Kette natürlich auch abändern.
- Für Ihre erste Kette verwenden Sie am besten große Rocailles und fädeln diese abwechselnd in zwei unterschiedlichen Farben auf das Garn. So können Sie am besten erkennen, in welcher Runde und bei welcher Perle Sie sich befinden.
- Je nachdem, welche Häkelnadel-Größe Sie verwenden und ob Sie fest oder locker häkeln, werden die Ketten unterschiedlich lang. Selbstverständlich können Sie auch eine andere Häkelnadel-Größe verwenden als in der jeweiligen Materialliste angegeben. Probieren Sie einfach aus, womit Sie am besten zurechtkommen.

Gelegte Armbänder und Ketten

1. Befestigen Sie den Verschluss wie abgebildet in der Mitte des Schmuckdrahts.

2. Fädeln Sie den Anfang des Armbands oder der Kette auf und verfahren Sie dann wie auf der jeweiligen Vorlage gezeigt weiter.

3. Zuletzt wird das zweite Verschlussteil an der anderen Seite befestigt. Führen Sie den Draht dann durch möglichst viele Perlen wieder zurück, damit sich das Armband später nicht löst. Wenn zu viel Draht übrig bleibt, so kürzen Sie diesen einfach.

Tipps und Tricks

- Prüfen Sie zu Beginn, ob der Draht viermal durch die Perlen geht. Sollte dies nicht der Fall sein, so müssen Sie an das Ende oder den Anfang jedes Armbandes hinter (am Anfang) oder vor (am Ende) den Verschluss eine Quetschperle setzen, die verhindert, dass der Faden oder Draht wegrutscht.
- Sie können die Armbänder oder Ketten auch mit Nähgarn oder Knopflochseide herstellen. Allerdings werden die Armbänder dann lockerer als mit Schmuckdraht. In diesem Fall benötigen Sie zum Herstellen der Armbänder und Ketten zwei Nadeln. Fädeln Sie jedes Fadenende auf eine Nadel auf und führen Sie die Fäden dann wie in der Vorlage gezeigt durch die Perlen.

Bezauberndes in Blau

(Abbildung auf Seite 10/11)

Armband

Fertigen Sie das Armband der Vorlage nach an. Beginnen Sie mit fünf Silberperlen an jeder Seite. Dann ziehen Sie beide Drähte durch die erste Glasschliffperle in Saphir. Fädeln Sie auf jeder Seite zwei schwarze Rocailles auf und führen Sie die Drähte dann durch eine Glasschliffperle in Onyx. Behalten Sie dieses Schema bei, bis Sie alle Glasschliffperlen aufgezogen haben. Befestigen Sie das zweite Verschlussteil, führen Sie die Drähte zurück durch die Perlen und fixieren Sie sie beim Verschluss mit einer Quetschperle.

Länge

ca. 18 cm

Material

- 12 Glasschliffperlen in Saphir, ø 6 mm
- 11 Glasschliffperlen in Onyx, ø 6 mm
- 1 Dose Rocailles in Schwarz, ø 2,6 mm
- 20 Perlen in Silber, ø 3 mm
- 1 Quetschperle in Silber, ø 2 mm
- 1 Verschluss in Silber, ø 10 mm
- Schmuckdraht in Silber, 0,4 mm stark, 1 m lang

Vorlagenbogen 1A

Dicke Schlauchkette

Fädeln Sie die Rocailles im Farbwechsel auf das Perlgarn. Sie benötigen ca. 2 m aufgefädelte Rocailles. Dann fertigen Sie die Kette an, wobei immer fünf Rocailles in eine Runde kommen. Nachdem die Fäden vernäht sind, nähen Sie an den Enden zwei Stücke Knopflochseide an, ziehen darauf je sieben Glasschliffperlen auf, gehen mit der Nadel und dem Garn mehrmals durch die Verschlussteile, ziehen weitere sieben Glasschliffperlen auf und nähen die Fadenenden dann so an die Kette, dass Schlaufen entstehen.

Länge

ca. 40 cm

Material

- 1 Dose Rocailles in Dunkelblau, ø 4 mm
- 1 Dose Rocailles in Hellblau, ø 4 mm
- 28 Glasschliffperlen in Onyx, ø 6 mm
- 1 Verschluss in Silber, ø 9 mm
- Knopflochseide in Schwarz
- Perlgarn in Schwarz
- Häkelnadel, Stärke 2,5

Dünne Schlauchkette

Fädeln Sie die Rocailles im Farbwechsel auf die Knopflochseide. Sie benötigen ca. 2 m aufgefädelte Rocailles. Dann fertigen Sie die Kette an, wobei immer fünf Rocailles in eine Runde kommen. Nachdem die Fäden vernäht sind, fertigen Sie den Verschluss an. Dazu nähen Sie an beiden Enden der Kette ein Stück Knopflochseide an und ziehen auf jeder Seite einen Strassring und sechs Rocailles im Farbwechsel auf. Auf eine Seite kommt nun die große Strassperle, auf der anderen formen Sie aus 18 Rocailles eine Schlaufe. Diese beiden Enden bilden den Kettenverschluss.

Länge

ca. 42 cm

Material

- 1 Dose Rocailles in Weiß, ø 2,6 mm
- 1 Dose Rocailles in Blau, ø 2,6 mm
- 1 Strassperle in Gold, ø 8 mm
- 2 Strassringe in Blau, ø 6 mm
- Knopflochseide in Schwarz
- Häkelnadel, Stärke 1,5

Warmes Orange

Schlauchkette

Für diese Kette müssen Sie drei Perlenschläuche anfertigen. Für den zweifarbigen Schlauch ziehen Sie je eine halbe Dose Rocailles in Orange und Gold im Wechsel auf ca. 70 cm Perlgarn auf. Für die einfarbigen Schläuche fädeln Sie je eine Dose von jeder Farbe auf jeweils ca. 70 cm Perlgarn. Bei jedem Schlauch kommen fünf Rocailles in jede Runde. Nachdem die Fäden vernäht sind, nähen Sie die Schläuche und Rauten-Perlen mit Knopflochseide aneinander.
Vor und hinter die Rautenperlen kommen dabei jeweils zwei Rocailles in Orange.

Länge

ca. 60 cm

Material

- 2 Dosen Rocailles in Gold, ø 4 mm
- 2 Dosen Rocailles in Orange, ø 4 mm
- 6 Rauten-Glasperlen in Orange-Gold, 18 mm
- 1 Drehverschluss in Schwarz, 3 cm lang
- Perlgarn in Creme
- Knopflochseide in Creme
- Häkelnadel, Stärke 2,5

Ohrringe

Kleben Sie die Ohrclips hinter die Glasperlen.

Material

- 2 Rauten-Glasperlen in Grün, 18 mm
- 2 Ohrclips in Gold

Frühlingshaftes Grün

Schlauchkette

Länge

ca. 40 cm

Material

- 1 Dose Rocailles in Hellgrün, ø 4 mm
- 1 Dose Rocailles in Dunkelgrün, ø 4 mm
- 1 Strasskugel in Gold, ø 10 mm
- Perlgarn in Weiß
- Knopflochseide in Weiß
- Häkelnadel, Stärke 2,5

Fädeln Sie die Rocailles im Farbwechsel auf das Perlgarn. Sie benötigen ca. 2 m aufgefädelte Perlen. Dann fertigen Sie die Kette an, wobei in jede Runde fünf Perlen kommen. Nachdem die Fäden vernäht sind, fertigen Sie den Verschluss an. Dazu ziehen Sie auf die angenähte Knopflochseide auf einer Seite sechs, auf der anderen vier dunkelgrüne Rocailles auf. Auf der längeren Seite fügen Sie die Strassperle hinzu, auf der anderen formen Sie aus 14 weiteren Rocailles eine Schlaufe. Diese beiden Enden bilden den Kettenverschluss. Führen Sie den Faden durch die zuletzt aufgefädelten Perlen zurück und vernähen Sie ihn.

Armband

(Abbildung auch auf Seite 14/15)

Länge

ca. 20 cm

Material

- 32 Glasschliffperlen in Smaragd, ø 4 mm
- 18 Glasschliffperlen in Lindgrün, ø 6 mm
- 1 Dose Rocailles in Hellgrün, ø 2,6 mm
- 2 Rocailles in Dunkelgrün, ø 4 mm
- 1 Verschluss in Silber, ø 1 cm
- Schmuckdraht in Silber, 0,3 mm stark, 1 m lang

Vorlagenbogen 1A

Fädeln Sie das Armband der Vorlage nach auf.

Natürlich in Erdtönen

(Abbildungen auf Seite 18/19)

Armband

Fädeln Sie das Armband wie auf der Vorlage gezeigt auf. Die Quetschperle befestigen Sie hinter der letzten Rocaille und vor dem Verschlussende.

Länge

ca. 21 cm

Material

- 34 Swarovski-Perlen in Hellbraun, ø 4 mm
- 16 Swarovski-Perlen in Braun, ø 6 mm
- 1 Dose Rocailles in Gold, ø 2,6 mm
- 1 Quetschperle in Gold, ø 2 mm
- 1 Verschluss in Silber, ø 1,5 cm
- Schmuckdraht in Silber, 0,3 mm stark, 1 m lang

Vorlagenbogen 1A

Doppeltes Armband

Teilen Sie den Draht in zwei 1 m lange Stücke und befestigen Sie beide Stücke am Verschluss. Nun fädeln Sie das Armband der Vorlage nach auf. Führen Sie erst alle vier Drähte durch eine Glasschliffperle. Benutzen Sie dann zuerst nur die beiden mittleren Drähte. Fädeln Sie auf die linke Seite zwei Glasschliffperlen auf und auf die rechte Seite eine. Dann fädeln Sie den Draht von der rechten Perle durch die zweite linke. Wiederholen Sie diesen Schritt so oft, bis alle Glasschliffperlen verbraucht sind. Auf die anderen zwei Drähte ziehen Sie nun die Rocailles auf. Fädeln Sie zuerst auf beide Drähte gemeinsam zwei Rocailles auf und legen Sie dann einen Draht nach links und einen nach rechts. Ziehen Sie auf jeden Draht zwei Rocailles auf und führen Sie die Drähte dann wie abgebildet durch die Glasschliffperle. Nun fädeln Sie auf den linken Draht drei Rocailles und auf den rechten zwei. Schieben Sie dann den Draht von der rechten Seite durch die dritte Rocaille auf der linken Seite. Wiederholen Sie diese Arbeitsschritte so oft, bis das Armband fertig ist. Zum Schluss ziehen Sie auf je zwei Drähte gemeinsam zehn Rocailles auf, führen die Drähte durch das andere Verschlussteil und dann so weit wie möglich durch die Perlen wieder zurück.

Länge

ca. 20 cm

Material

- 46 Glasschliffperlen in Topas, ø 6 mm
- 1 Dose Rocailles in Braun, ø 2,6 mm
- 1 Verschluss in Gold, ø 1 cm
- Schmuckdraht in Silber, 0,3 mm stark, 2 m lang

Vorlagenbogen 1A

Schlauchkette

Länge

ca. 45 cm

Material

- 2 Dosen Rocailles in Braun, ø 4 mm
- 2 Dosen Rocailles in Blutstein, ø 4 mm
- 1 Kettenverschluss in Gold, ø 1 cm
- Perlgarn in Schwarz
- Knopflochseide in Schwarz
- Häkelnadel, Stärke 2,5

Fädeln Sie die Rocailles im Farbwechsel auf das Perlgarn. Sie benötigen ca. 2 m aufgefädelte Perlen. Dann fertigen Sie die Kette an, wobei immer fünf Perlen in eine Runde kommen. Nachdem die Fäden vernäht sind fertigen Sie den Verschluss an. Nähen Sie dazu auf jeder Seite Knopflochseide an und ziehen Sie darauf jeweils zehn Rocailles in Blutstein und die Verschlussteile auf.

Fröhlich in Sonnenfarben

Armband

Fädeln Sie das Armband der Vorlage nach auf die Knopflochseide auf. Am Ende des Armbands ziehen Sie auf jeder Seite zehn Rocailles auf, bevor Sie die zweite Glasschliffperle und den Verschluss anbringen. Beachten Sie, dass Sie bei diesem Armband mit zwei Perlennadeln arbeiten müssen, weil Sie hier Knopflochseide und nicht Draht verwenden.

Länge

ca. 18 cm

Material

- 2 Glasschliffperlen in Topas, ø 6 mm
- 1 Dose Rocailles in Gelb, ø 2,6 mm
- 1 Dose Glasstifte in Gelb, 10 mm lang
- 1 Verschluss in Silber, ø 1,5 cm
- Knopflochseide in Weiß

Vorlagenbogen 1B

Schlauchkette

Fädeln Sie die Rocailles auf die Knopflochseide auf. Nehmen Sie dabei von jeder Farbe ein Perle und beginnen Sie dann wieder mit der ersten Farbe. Sie benötigen ca. 2 m aufgefädelte Perlen. Dann fertigen Sie die Kette an. Es werden immer fünf Perlen in eine Runde gehäkelt, also von jeder Farbe eine pro Runde. Nachdem die Fäden vernäht sind, kleben Sie die Endkappen auf die Enden der Kette. Schieben Sie je einen Kettelstift durch die Endkappen und kleben Sie sie in der Kette fest. Zuletzt hängen Sie den Verschluss ein.

Länge

ca. 40 cm

Material

- 1 Dose Rocailles in Gelb, ø 2,6 mm
- 1 Dose Rocailles in Schwarz, ø 2,6 mm
- 1 Dose Rocailles in Bordeaux, ø 2,6 mm
- 1 Dose Rocailles in Silber, ø 2,6 mm
- 1 Dose Rocailles in Orange, ø 2,6 mm
- 1 Verschluss in Gold, ø 1,5 cm
- 2 Endkappen in Gold, ø 6 mm
- 2 Kettelstifte in Gold, 40 mm lang
- Knopflochseide in Weiß
- Häkelnadel, Stärke 1,5

Kombination in Schwarz-Weiß

Lange Kette

Fädeln Sie die Rocailles im Farbwechsel auf das Perlgarn. Sie benötigen ca. 4 m aufgefädelte Perlen. Dann fertigen Sie die Kette an, wobei immer fünf Perlen in eine Runde kommen. Zuletzt vernähen Sie die Fäden. Sie benötigen bei dieser Kette keinen Verschluss, weil sie locker um den Hals gelegt wird und man die Kettenenden baumeln lässt.

Länge

ca. 1 m

Material

- 6 Dosen Rocailles in Schwarz, ø 4 mm
- 6 Dosen Rocailles in Weiß, ø 4 mm
- Perlgarn in Schwarz
- Häkelnadel, Stärke 2,5

Länge

ca. 40 cm

Material

- 2 Dosen Rocailles in Schwarz matt, ø 5 mm
- 2 Dosen Rocailles in Weiß matt, ø 5 mm
- 1 Verschluss in Silber, ø 2 cm
- Perlgarn in Schwarz
- Knopflochseide in Schwarz
- Häkelnadel, Stärke 2,5

Schlauchkette

Fädeln Sie die Rocailles folgendermaßen auf das Perlgarn: zuerst auf 30 cm weiße Rocailles, dann auf 1,1 m drei weiße und eine schwarze Rocaille im Wechsel und auf die letzten 30 cm schwarze Rocailles. Dann fertigen Sie die Kette an, wobei in eine Runde immer sechs Rocailles kommen. Vernähen Sie die Fäden. Befestigen Sie an den Kettenenden Knopflochseide, fädeln Sie auf einer Seite 14 weiße und auf der anderen 14 schwarze Rocailles auf und bringen Sie den Verschluss an.

Armband

Fertigen Sie das Armband der Vorlage nach an. Das Ende gestalten Sie so wie den Anfang.

Länge

ca. 18 cm

Material

- 40 Glasschliffperlen in Onyx, ø 4 mm
- 20 Glasschliffperlen in Kristall, ø 6 mm
- 1 Dose Rocailles in Schwarz, ø 2,6 mm
- 8 Perlen in Silber, ø 3 mm
- 1 Verschluss in Silber, ø 1,5 mm
- Schmuckdraht in Silber, 0,4 mm stark, 1 m lang

Vorlagenbogen 1A

Verführerisches Rot

(Abbildung auf Seite 26/27)

Länge

ca. 50 cm

Material

- 2 Dosen Rocailles in Bordeaux metallic, ø 2,6 mm
- 1 Dose Rocailles in Bordeaux, ø 2,6 mm
- 1 Dose Rocailles in Braun, ø 2,6 mm
- 1 Dose Rocailles in Apricot, ø 2,6 mm
- 1 Dose Rocailles in Rosa, ø 2,6 mm
- 1 Verschluss in Silber, 1,5 cm lang
- Knopflochseide in Schwarz
- Häkelnadel, Stärke 1,5

Doppelte Schlauchkette

Fädeln Sie die Rocailles folgendermaßen auf die Knopflochseide: auf einen Strang mit 1,1 m Länge kommen nur Rocailles in Bordeaux metallic, auf einen anderen Strang mit 1,5 m Länge die Rocailles im Farbwechsel (eine Rocaille in Braun, eine in Rosa, eine in Apricot und eine in Bordeaux). Dann fertigen Sie die beiden Kettenstränge an. Bei dem einfarbigen Strang kommen drei Rocailles in jede Runde, bei dem mehrfarbigen fünf. Vernähen Sie die Fäden in den Perlensträngen und nähen Sie die beiden wie abgebildet aneinander. Ziehen Sie auf die neu angenähten Verschluss-Fäden auf jeder Seite zehn Rocailles in Bordeaux metallic, ein Verschlussteil und weitere zehn Rocailles in Bordeaux metallic auf.

Kette

Ziehen Sie die Perlen der Vorlage nach mit Perlennadeln auf die Knopflochseide auf, bringen Sie den Verschluss an und vernähen Sie die Fäden am Ende. Beachten Sie, dass Sie bei dieser Kette mit zwei Perlennadeln arbeiten müssen, weil Sie hier Knopflochseide und nicht Draht verwenden.

Länge

ca. 42 cm

Material

- 29 Glasschliffperlen in Amethyst, ø 6 mm
- 1 Dose Rocailles in Pink, ø 2,6 mm
- 1 Dose Rocailles in Flieder, ø 2,6 mm
- 1 Verschluss in Schwarz, 2,8 cm lang
- Knopflochseide in Weiß

Vorlagenbogen 1A

Armband

Länge

ca. 19 cm

Material

- 39 Swarovski-Perlen in Bordeaux, ø 4 mm
- 28 Swarovski-Perlen in Pink, ø 6 mm
- 1 Dose Rocailles in Bordeaux, ø 2,6 mm
- 1 Dose Rocailles in Rosa, ø 2,6 mm
- 1 Verschluss in Gold-Kristall, ø 10 mm
- 1 Quetschperle in Gold, ø 2 mm
- Schmuckdraht in Silber, 0,3 mm stark, 1 m lang

Vorlagenbogen 1B

Fertigen Sie das Armband der Vorlage nach an. Das Ende gestalten Sie genauso wie den Anfang, nur das Sie noch eine Quetschperle zwischen den Verschluss und die letzte Rocaille setzen, damit der Draht nicht zurückrutschen kann.

Ethno-Look

Armband

Befestigen Sie den Draht an einem Verschlussende und fädeln Sie die Perlen darauf laut Vorlagenbogen auf. Die Quetschperle fädeln Sie zwischen die letzte kleine Holzperle und den Verschluss.

Länge

ca. 20 cm

Material

- 1 Beutel Holzperlen-Mix in Gelbtönen, ø 4 mm
- 1 Beutel Holzperlen-Mix in Gelbtönen, ø 6 mm
- 7 Ethnoperlen, 15 mm lang
- 1 Verschluss in Gold, ø 9 mm
- 1 Quetschperle in Gold, ø 2 mm
- Schmuckdraht in Silber, 0,4 mm stark, 1 m lang

Vorlagenbogen 1B

Kette mit Holzperlen

Fädeln Sie die kleinen Holzperlen aus dem Mix in der Reihenfolge braun, orange und gelb auf das Perlgarn. Sie benötigen drei Perlenstränge. Auf zwei fädeln Sie jeweils zwei Beutel der Perlen und auf einen 1,5 Beutel. Dann fertigen Sie die Perlenstränge an, wobei immer fünf Perlen in eine Runde kommen. Nachdem die Fäden vernäht sind, ziehen Sie auf Knopflochseide eine große gelbe Holzperle aus dem Mix, eine große orange Holzperle, zwei kleine orange Holzperlen und dann im Wechsel je eine ovale Ethnoperle und eine kleine orange Holzperle auf. Insgesamt verarbeiten Sie fünf ovale Ethnoperlen. Beenden Sie den Faden mit der gleichen Perlenkombination, wie Sie ihn begonnen haben, und nähen Sie ihn an die zwei langen Perlenstränge an. Verbinden Sie die Enden der langen Stränge mit dem kurzen Perlenstrang, wobei Sie auf beiden Seiten einen Faden mit anbringen, den Sie folgendermaßen bestücken: jeweils eine große gelbe Holzperle, eine große orange Holzperle, eine kleine orange Holzperle, eine ovale Ethnoperle, eine kleine orange Holzperle, eine runde Ethnoperle, eine kleine orange Holzperle, eine ovale Ethnoperle, eine kleine orange Holzperle und je eine große Holzperle in Orange und Gelb.

Länge

ca. 76 cm

Material

- 6 Beutel Holzperlen-Mix in Gelbtönen, ø 4 mm
- 1 Beutel Holzperlen-Mix in Gelbtönen, ø 6 mm
- 9 ovale Ethnoperlen, 18 mm lang
- 2 runde Ethnoperlen, ø 12 mm
- Perlgarn in Braun
- Knopflochseide in Schwarz
- Häkelnadel, Stärke 2,5

Niedliche Herzen

Kette

Länge

ca. 40 cm

Material

- 30 Wachsperlen in Weiß, ø 3 mm
- 1 Beutel Rocailles in Transparent, ø 2,6 mm
- 49 Glasperlen in Transparent, ø 4 mm
- 14 Glasschliffperlen in Kristall, ø 4 mm
- 3 Glasschliffperlen in Onyx, ø 6 mm
- 4 Glasherzen in Rot, ø 5 mm
- 7 Nietstifte in Gold, 40 mm lang
- 1 Glasperle in Transparent, ø 14 mm
- Knopflochseide in Weiß

Vorlagenbogen 1B

Stecken Sie von unten jeweils einen Nietstift durch die Herzen und die Glasschliffperlen in Onyx. Stecken Sie dann noch zwei Glasschliffperlen in Kristall auf jeden Nietstift und biegen Sie die Nietstifte an den Enden zu Ösen. Fertigen Sie dann die Kette der Vorlage nach an. Nach 15 Glasperlen hängen Sie dabei zwischen zwei Rocailles einen Herzstift. Nach drei weiteren Glasperlen folgt ein Nietstift mit Glasschliffperlen. Wiederholen Sie diesen Schritt so oft, bis alle Nietstifte aufgebraucht sind. Die Kette ist fertig, wenn Sie alle 49 Glasperlen als Mittelperlen verarbeitet haben. Zuletzt fertigen Sie den Verschluss

(Weiter auf Seite 32)

(Fortsetzung von Seite 31)
an. Dazu ziehen Sie auf jeder Seite sechs Wachsperlen auf. Auf einer Seite fügen Sie die große Glasperle hinzu, auf der anderen formen Sie aus 18 weiteren Wachsperlen eine Schlaufe. Diese beiden Enden bilden den Kettenverschluss.

Ohrringe

Stecken Sie von unten jeweils einen Nietstift durch jedes Herz, darüber kommen zwei Glasschliffperlen. Biegen Sie die Nietstifte an den Enden zu Ösen und hängen Sie sie an den Spaltring. Diesen befestigen Sie dann am Ohrhaken.

Länge
ca. 6 cm

Material (pro Ohrring)
- 6 Glasschliffperlen in Kristall, ø 4 mm
- 3 Glasherzen in Rot, ø 5 mm
- 3 Nietstifte in Gold, 40 mm lang
- 1 Spaltring in Gold, ø 0,9 mm
- 1 Ohrhaken in Gold

Armband

Stecken Sie von unten jeweils einen Nietstift durch jedes Herz, darüber kommt je eine Glasperle. Biegen Sie die Enden der Nietstifte zu Ösen und hängen Sie je drei dieser Stifte an einen Spaltring. Fertigen Sie dann das Armband der Vorlage nach an und arbeiten Sie dabei die Spaltringe folgendermaßen mit ein: Nach vier Glasperlen hängen Sie den ersten Spaltring zwischen zwei kleine Rocailles. Nach jeweils acht weiteren Glasperlen folgt der nächste Spaltring. Insgesamt hat dieses Armband 24 Glasperlen als Mittelperlen. Führen Sie den Faden zum Schluss so weit wie möglich durch die Perlen zurück. Übrigens: Bei diesem Armband müssen Sie wieder mit zwei Perlennadeln arbeiten.

Länge
ca. 22 cm

Material
- 1 Beutel Rocailles in Transparent, ø 2,6 mm
- 33 Glasperlen in Transparent, ø 4 mm
- 9 Glasherzen in Rot, ø 5 mm
- 9 Nietstifte in Gold, 40 mm lang
- 3 Spaltringe in Gold, ø 0,9 mm
- 1 Drehverschluss in Gold, 1,5 cm lang
- Knopflochseide in Weiß

Vorlagenbogen 1B

1001 *Nacht*

Kette

Für diese Kette müssen Sie zwei gleiche Perlenstränge häkeln. Fädeln Sie für jeden Strang die kleinen Glasschliffperlen im Farbwechsel auf das Perlgarn auf. Pro Strang benötigen Sie je eine Dose kleine Glasschliffperlen in jeder Farbe. Dann häkeln Sie die Stränge, wobei immer drei Perlen in eine Runde kommen. Vernähen Sie die Fäden. Anschließend legen Sie die beiden Stränge nebeneinander und nähen sie kurz vor den unteren Enden aneinander. Dann nähen Sie unten an die beiden kurzen Enden je drei Stücke Knopflochseide, auf die Sie jeweils eine große Glasschliffperle in Onyx, eine große Glasschliffperle in Topas, eine große Glasschliffperle in Onyx und dann zwei kleine Glasschliffperlen in Topas und eine schwarze Rocaille auffädeln. An die längeren Enden nähen Sie jeweils einen Faden, der folgendermaßen mit Perlen bestückt wird: eine große Perle in Onyx, eine Rocaille, eine große Perle in Topas, eine Rocaille, eine große Perle in Onyx, eine Rocaille, eine große Perle in Topas, eine Rocaille, eine große Perle in Onyx und sechs weitere Rocailles. Dann befestigen Sie den Verschluss.

Länge

ca. 50 cm

Material

- 3 Dosen Glasschliffperlen in Topas, ø 4 mm
- 2 Dosen Glasschliffperlen in Onyx, ø 4 mm
- 18 Glasschliffperlen in Topas, ø 6 mm
- 18 Glasschliffperlen in Onyx, ø 6 mm
- 1 Dose Rocailles in Schwarz, ø 2,6 mm
- 1 Verschluss in Gold, 1,5 cm lang
- Perlgarn in Schwarz
- Knopflochseide in Schwarz
- Häkelnadel, Stärke 2,5

Armband

Ziehen Sie das Armband laut Vorlage auf. Das Ende gestalten Sie im Prinzip so wie den Anfang, nur setzen Sie noch eine Quetschperle zwischen den Verschluss und die letzte Rocaille, damit der Draht nicht zurückrutschen kann.

Länge

ca. 19 cm

Material

- 15 Glasschliffperlen in Topas, ø 4 mm
- 15 Glasschliffperlen in Onyx, ø 4 mm
- 7 Glasschliffperlen in Topas, ø 6 mm
- 7 Glasschliffperlen in Onyx, ø 6 mm
- 1 Dose Rocailles in Schwarz, ø 2,6 mm
- 1 Verschluss in Gold, 1,5 cm lang
- 1 Quetschperle in Gold, ø 2 mm
- Schmuckdraht in Gold, 0,3 mm stark, 1 m lang

Vorlagenbogen 1B

Leuchtendes Rot

Armband

Fädeln Sie das Armband der Vorlage nach auf. Beginnen Sie das Armband auf einer Seite mit vier schwarzen Rocailles und beenden Sie es auf der anderen mit drei Perlen in Silber. Hinter den Silberperlen und vor dem Verschluss ziehen Sie eine Quetschperle auf, die verhindert, dass die Drähte später zurückrutschen können.

Länge

ca. 21 cm

Material

- 16 Glasschliffperlen in Rubinrot, ø 6 mm
- 34 Swarovski-Perlen in Schwarz, ø 4 mm
- 1 Dose Rocailles in Rot, ø 2,6 mm
- 4 Rocailles in Schwarz, ø 2,6 mm
- 3 Perlen in Silber, ø 3 mm
- 1 Verschluss in Silber, ø 1,5 cm
- 1 Quetschperle in Silber, ø 2 mm
- Schmuckdraht in Silber, 0,3 mm stark, 1 m lang

Vorlagenbogen 1B

Länge

ca. 45 cm

Material

- 1 Dose Rocailles in Rot, ø 4 mm
- 1 Dose Rocailles in Schwarz, ø 4 mm
- 1 Verschluss in Silber, ø 2 cm
- Knopflochseide in Schwarz
- Perlgarn in Schwarz
- Häkelnadel, Stärke 2,5

Schlauchkette

Fädeln Sie die Rocailles im Farbwechsel auf das Perlgarn. Sie benötigen ca. 1,2 m aufgefädelte Perlen. Dann häkeln Sie die Kette, wobei immer fünf Perlen in eine Runde kommen. Nachdem die Fäden vernäht sind, befestigen Sie an beiden Enden der Kette Knopflochseide, auf die Sie jeweils 20 schwarze Rocailles und die Verschlussteile aufziehen.

Dezente Zurückhaltung

Armband

Fertigen Sie das Armband der Vorlage nach an. Das Ende gestalten Sie so wie den Anfang, allerdings setzen Sie hier noch eine Quetschperle zwischen den Verschluss und die letzte Rocaille, damit der Draht nicht zurückrutschen kann.

Länge

ca. 18 cm

Material

- 1 Dose Rocailles in Schwarz irisierend, ø 2,6 mm
- 1 Dose Rocailles in Apricot, ø 2,6 mm
- 36 Glasschliffperlen in Topas, ø 6 mm
- 1 Verschluss in Gold, ø 9 mm
- 1 Quetschperle in Gold, ø 2 mm
- Schmuckdraht in Silber, 0,3 mm stark, 1 m lang

Vorlagenbogen 1A

Kette

Fädeln Sie die Perlen wie folgt auf die Knopflochseide: 50 cm schwarze Rocailles, 1 m schwarze und apricotfarbene Rocailles im Wechsel (1 x in Schwarz, 2 x in Apricot) und dann wieder 50 cm schwarze Rocailles. Dann häkeln Sie die Kette, wobei immer fünf Perlen in eine Runde kommen. Vernähen Sie die Fäden, bringen Sie an jedem Ende ein neues Stück Knopflochseide an und ziehen Sie darauf jeweils eine Glasschliffperle, eine Rocaille in Apricot, eine Glasschliffperle, drei Rocailles in Apricot und die Verschlussteile auf.

Länge

ca. 46 cm

Material

- 1 Dose Rocailles in Schwarz irisierend, ø 2,6 mm
- 1 Dose Rocailles in Apricot, ø 2,6 mm
- 4 Glasschliffperlen in Topas, ø 6 mm
- 1 Verschluss in Gold, ø 9 mm
- Knopflochseide in Schwarz
- Häkelnadel, Stärke 1,5

Zart in Flieder

Schlauchkette

Länge

ca. 44 cm

Material

- 1 Dose Glasstifte in Grau, 2 mm lang
- 1 Dose Glasstifte in Flieder, 2 mm lang
- 1 Verschluss in Silber, ø 1,5 cm
- Knopflochseide in Weiß
- Häkelnadel, Stärke 1,5

Fädeln Sie die Glasstifte abwechselnd auf die Knopflochseide. Sie benötigen ca. 2 m aufgefädelte Perlen. Dann häkeln Sie die Kette, wobei immer fünf Perlen in eine Runde kommen. Nachdem die Fäden vernäht sind, nähen Sie auf jeder Seite ein Stück Knopflochseide an und ziehen darauf jeweils zehn Glasstifte in Flieder und die Verschlussteile auf.

Armband

Fertigen Sie das Armband der Vorlage nach an. Schieben Sie den Draht zum Schluss so weit es geht durch das fertige Armband zurück.

Länge

ca. 21 cm

Material

- 18 Swarovski-Perlen in Violett, ø 6 mm
- 34 Swarovski-Perlen in Violett, ø 4 mm
- 46 Swarovski-Perlen in Grau, ø 4 mm
- 1 Verschluss in Silber, ø 1,5 cm
- Schmuckdraht in Silber, 0,3 mm stark, 1 m lang

Vorlagenbogen 1A

Doppeltes Armband

Teilen Sie den Draht in zwei 0,75 m lange Stücke und befestigen Sie beide Stücke am Verschluss. Nun fädeln Sie das Armband der Vorlage nach auf. Zuerst ziehen Sie auf alle vier Drähte gemeinsam drei Rocailles und eine Glasschliffperle auf. Dann fädeln Sie auf die beiden mittleren Drähte die Glasschliffperlen der Vorlage nach auf. Auf die anderen zwei Drähte ziehen Sie nun die Glasstifte laut Vorlage auf. Zum Schluss ziehen Sie auf je zwei Drähte gemeinsam sechs Rocailles auf, führen die Drähte durch das andere Verschlussteil und dann so weit wie möglich durch die Perlen zurück.

Länge

ca. 19 cm

Material

- 1 Dose Glasschliffperlen in Amethyst, ø 6 mm
- 15 Rocailles in Rosé, ø 4 mm
- 1 Dose Glasstifte in Flieder, 2 mm lang
- 1 Verschluss in Silber, ø 1,5 cm
- Schmuckdraht in Silber, 0,3 mm stark, 1,5 m lang

Vorlagenbogen 1B

Gehäkelte Drahtketten

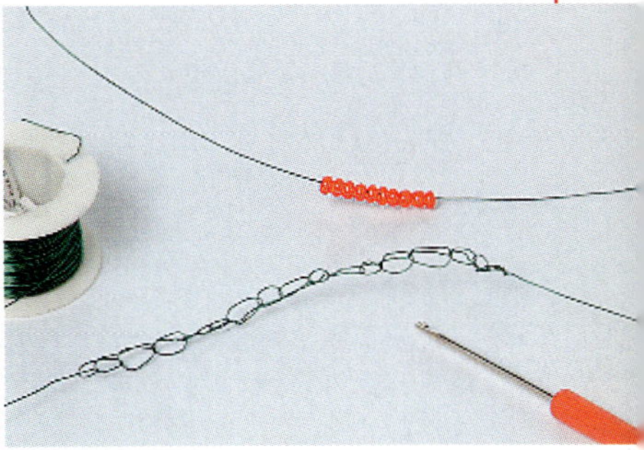

Sehr schön sehen auch gehäkelte Drahtketten aus. Diese wirken sehr filigran. Hier wollen wir Ihnen kurz erklären, wie Sie solche Ketten häkeln:

1. Häkeln Sie aus dem Draht zuerst eine Reihe Luftmaschen, ohne die Perlen mit einzuarbeiten. Vor und hinter den Luftmaschen lassen Sie jeweils 20 cm Draht stehen. Schneiden Sie den Draht ab und ziehen Sie ihn nochmals durch die letzte Masche. So kann er nicht verrutschen und die Maschen gehen nicht auf. Ziehen Sie dann auf den Draht so viele Perlen auf, wie Sie für die nächste Reihe benötigen. Schneiden Sie den Draht dafür aber nicht von der Rolle ab, sondern wickeln Sie einfach ein entsprechend langes Stück ab. Schieben Sie die Perlen auf dem Draht in Richtung der Rolle.

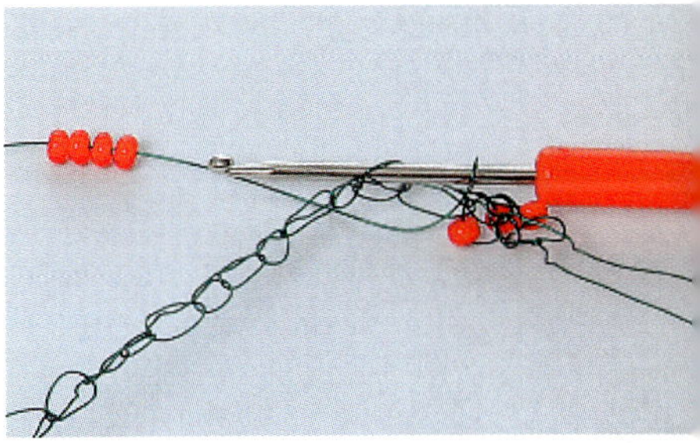

2. Bei diesen Ketten können Sie nicht wie sonst zurückhäkeln, weil sich die Perlen dann auf die andere Seite legen würden und vorne nicht mehr richtig sichtbar wären. Deshalb müssen Sie jede Reihe neu beginnen. Am Anfang jeder neuen Reihe lassen Sie wieder 20 cm Draht stehen und häkeln dann die aufgefädelten Perlen in bestimmten oder unregelmäßigen Abständen mit in die festen Maschen ein. Am Ende lassen Sie wieder 20 cm Draht stehen. Diesen Vorgang wiederholen Sie so oft, bis Ihre Kette die gewünschte Breite erreicht hat.

3. Die an beiden Seiten überstehenden Drähte verdrehen Sie nun zu zwei Strängen, auf die Sie ggf. weitere Perlen auffädeln. Dann legen Sie die Drähte in die Quetschkalotten ein, biegen die Enden etwas um, geben einen Tropfen Klebstoff dazu und drücken die Quetschkalotten zusammen.

Tipps und Tricks

- Wenn Sie wollen, können Sie auch schon Perlen direkt mit in die Luftmaschen einhäkeln. Schieben Sie dafür dann gleich am Anfang die Perlen auf den Draht und arbeiten Sie sie einfach mit ein.
- Je dünner die verwendete Häkelnadel ist, desto filigraner wird Ihre Kette.

Dünne Kette mit Golddraht

Länge

ca. 42 cm

Material

- 21 Glasschliffperlen in Rot, ø 6 mm
- 1 Dose Rocailles in Rosa, ø 2,6 mm
- 1 Verschluss in Gold, ø 0,7 cm
- 2 Quetschkalotten in Gold, ø 3 mm
- 1 Rolle Golddraht, 0,45 mm stark
- Häkelnadel, Stärke 2,5

Die Kette hat eine Länge von 45 Luftmaschen. Fädeln Sie dann in der zweiten Reihe die Perlen folgendermaßen auf: Nach je fünf festen Maschen häkeln Sie immer fünf Rocailles und eine Glasschliffperle mit ein. Sie verarbeiten insgesamt 40 Rocailles und sieben Glasschliffperlen. Die Kette besteht aus zwei Reihen. Verdrehen Sie die Drahtenden und fädeln Sie auf jeder Seite sieben Glasschliffperlen auf. Zuletzt befestigen Sie den Verschluss mithilfe der Quetschkalotten.

Kette mit Kupferdraht

Länge

ca. 42 cm

Material

- 1 Dose Rocailles in Orange, ø 2,6 mm
- 1 Dose Rocailles in Orange, ø 4 mm
- 8 Glasschliffperlen in Orange, ø 6 mm
- 1 Federring-Verschluss in Silber, ø 0,7 cm
- 2 Quetschkalotten in Silber, ø 3 mm
- 1 Rolle Kupferdraht, 0,45 mm stark
- Häkelnadel, Stärke 2,5

Für diese Kette nehmen Sie 25 Luftmaschen auf. Lassen Sie an den Enden je 20 cm Draht überstehen. Fädeln Sie dann pro Reihe die Perlen wie folgt auf den Draht: drei große Rocailles, drei kleine Rocailles, eine Glasschliffperle, zwei große Rocailles, zwei kleine Rocailles, eine Glasschliffperle und drei große Rocailles. Häkeln Sie nun erst vier feste Maschen ohne Perlen, anschließend häkeln Sie die Perlen nacheinander Masche für Masche dazu, wobei nach fünf Maschen mit Perlen eine Masche ohne Perle folgt. Am Ende folgen wieder vier feste Maschen ohne Perlen.

(Weiter auf Seite 48)

(Fortsetzung von Seite 47)

Insgesamt besteht die Kette aus einer Reihe mit Luftmaschen und aus zwei Reihen mit festen Maschen. Verdrehen Sie die Drahtenden und fädeln Sie darauf je zwei Glasschliffperlen und eine große Rocaille auf. Dann befestigen Sie die Quetschkalotten und den Verschluss.

Breite Kette mit Golddraht

Ziehen Sie die Rocailles und die kurzen und langen Glasstifte durcheineinder auf den Draht auf. Pro Reihe benötigen Sie 40 Perlen. Beginnen Sie nun mit dem Häkeln der Kette. Lassen Sie dabei wie üblich am Anfang ein 20 cm langes Drahtstück stehen und nehmen Sie dann 40 Luftmaschen auf. Bei dieser Kette häkeln Sie die Perlen bereits mit in die Luftmaschen ein, wobei in jede Masche eine Perle kommt. Am Ende der Reihe lassen Sie wieder 20 cm Draht stehen und schneiden ihn dann ab. Insgesamt besteht die Kette aus einer Reihe Luftmaschen und vier Reihen mit festen Maschen. Verdrehen Sie die Drahtenden und fädeln Sie darauf jeweils 20 hellgrüne Glasstifte auf. Dann befestigen Sie die Quetschkalotten und den Verschluss.

Länge

ca. 44 cm

Material

- 1 Dose Rocailles in Schwarz irisierend, ø 2,6 mm
- 1 Dose Glasstifte in Hellgrün, 4 mm lang
- 1 Beutel Glasstifte in Kupfer, 10 mm lang
- 2 Quetschkalotten in Gold, ø 3 m
- 1 Drehverschluss in Gold, 1,5 cm lang
- 1 Rolle Golddraht, 0,45 mm stark
- Häkelnadel, Stärke 2,5